Jessica Style

オール私服の決定版！
ジェシカ・スタイル
道端ジェシカ

PROLOGUE

> ファッションは
> 自分らしさを表す
> 言葉のようなもの

ファッションは大好きなんですけど、私よりおしゃれな人はたくさんいると思います。でも、私のスタイルを好きだと言ってもらえるのはとても嬉しい。服は着る人が「こう見られたい」という気持ちの表れだと思うんです。話す機会のない人に、どうやって自分らしさを伝えるか。大切なことは、流行もブランドも値段も関係なく、最終的に自分が心地いいと思えるものを着ること。年齢とともに成長して、自分らしさを知って、だんだん好きなものが増えていく。そうやって私が選んできたものが、この本にはたくさん詰まっています。つまりこれが私らしさ、今の私のすべてです。

CONTENTS

PROLOGUE　　ファッションは自分らしさを表す言葉のようなもの　　2

Chapter 1　MY STYLE　　6
自分に似合う服を知るほどおしゃれは楽しい

- DENIM　　デニムは私のユニフォーム　　8
- JACKET　　きちんと感が出る便利アイテム　　18
- ONE-PIECE　　素材やシルエットを楽しむ　　28
- FLAT SHOES　　ぺたんこでもきれいに見せるバランスがある　　38
- IN MY BAG　　ジュエリーケースはマストアイテム　　44
- FIT&LOOSE　　シルエットは"ピタ"か"ガバ"が好き　　46

Chapter 2　TRIP　　52
旅先を想像しながら準備する時間も好き

- RELAX STYLE　　機内スタイルから旅は始まります　　54
- AIRPLANE　　試行錯誤の末にたどり着いたベストセレクション　　56
- EUROPE TRUNK　　ヨーロッパはリュクス感がキーワード　　58
- HAWAII TRUNK　　ハワイだから着られる服を満喫　　60

Chapter 3　CLOSET　　62
ただ持っているだけで幸せな物もある

- CLOSET　　部屋を埋めつくす服の並びにもルールがある　　64
- ACCESSORIES　　ジュエリーはテイスト別にカテゴライズ　　68

| | OTHERS | 心を安らげるための癒しのグッズたち | 70 |

Chapter 4 STYLING
服は心地よく、小物は遊びのあるものを … 72

RED ACCENT	赤を一つ入れるだけで女度がぐっとUPする	74
SHOULDER BAG	最近ショルダーバッグの魅力に目覚めた！	78
JEWELRY	華奢なジュエリーを重ねづけ	80
SUNGLASS	サングラスはその日の気分が大切	84
STOLE	ストール一枚足すだけで、大人のおしゃれが完成する	86
HAT	シーンをドラマティックに演出する重要なツール	88

Chapter 5 SPORTS
スポーツウエアは機能に加えて"色"が大切 … 90

| YOGA | ヨガの時は淡い色のウエアで静の気分に | 92 |
| TRIATHLON | ヴィヴィッドな色を取り入れて、気分を上げる | 94 |

Chapter 6 DRESS
特別なシーンだからこそ自分らしく … 96

| DRESS STYLE | リラックス＆シックがキーワード | 98 |
| DRESS ITEMS | 小物でドレスアップを！ | 104 |

| HISTORY | プライベートアルバムからひもとくジェシカの軌跡 | 106 |
| EPILOGUE | 道端ジェシカというモデルの軸を大切に | 110 |

Chapter

1
MY STYLE

▶ DENIM　　▶ JACKET　　▶ ONE-PIECE
▶ FLAT SHOES　▶ IN MY BAG　▶ FIT&LOOSE

自分に似合う服を知るほどおしゃれは楽しい

服を着る時に一番こだわるのはシルエットです。中途半端にゆるいものはあまり好きではなくて、ピタッとしているものか、オーバーサイズのものか。シャツなんかはレディスのボーイフレンドサイズよりも、メンズを着ちゃう。最近になって、やっと自分に似合う服の形がわかってきた気がします。Tシャツにしても、袖の長さやアームの幅によって印象が変わる。しかもベストなフォルムは人によっても違うんです。それを知るにはいろいろなものにトライして、自分で知るしかない。若い頃は、スカートはミニばかりはいていました。しかもスーパーミニ。半端な丈だと脚が短く太く見えちゃうから。以前はそんなことばかり気にしていました。でも今は、ひざ丈もロングスカートもはくようになりました。自分を知って、少し余裕が出てきたのかもしれません。

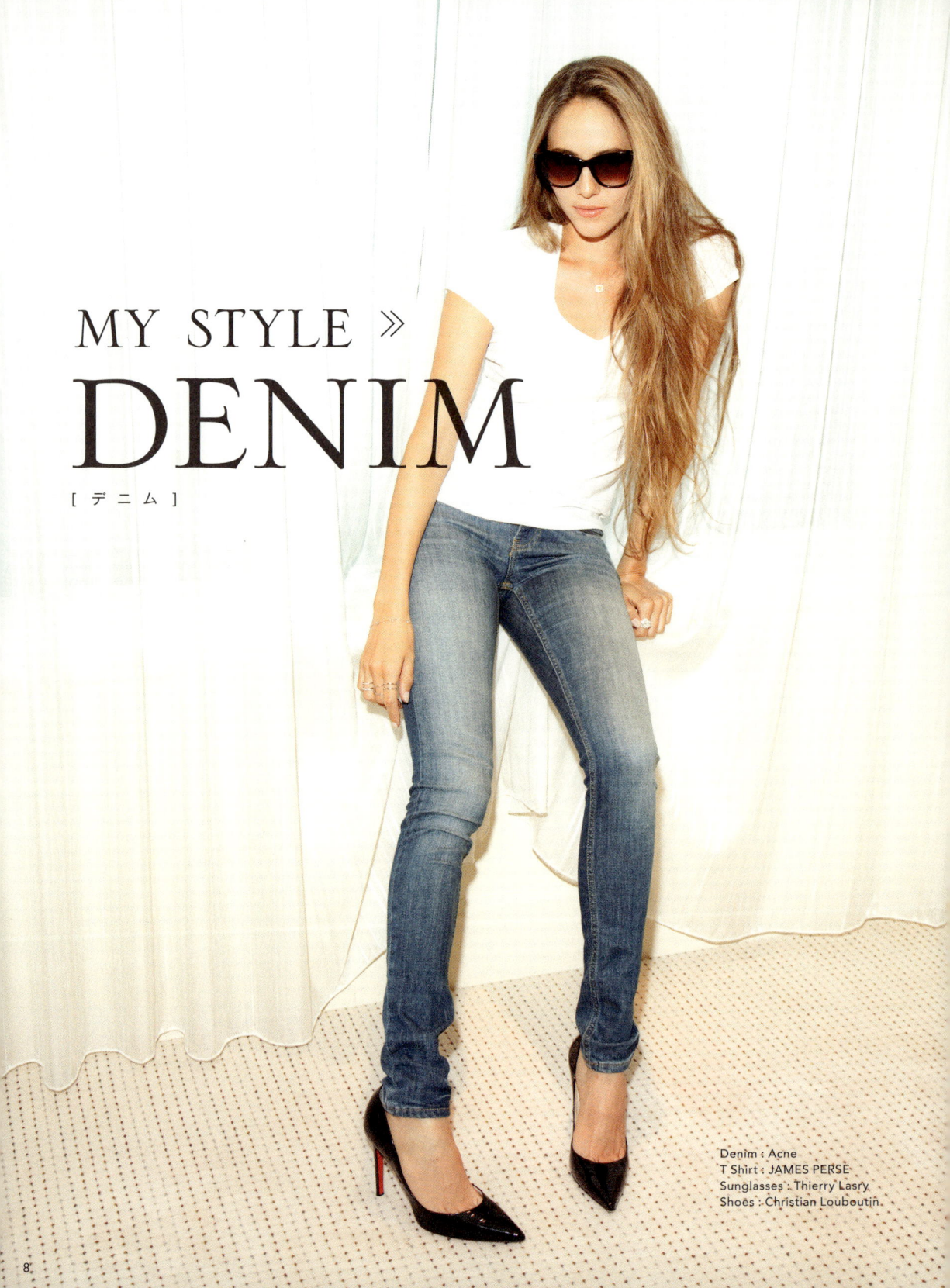

MY STYLE »
DENIM
[デニム]

Denim : Acne
T Shirt : JAMES PERSE
Sunglasses : Thierry Lasry
Shoes : Christian Louboutin

{ DENIM Style 1 }

エナメルヒールで主張する
究極のデニムスタイル

デニムに白いTシャツという、王道のシンプルスタイルは、小物次第でボーイッシュにもフェミニンにもなれるから好き。ルブタンの象徴的なエナメルヒールで女っぽさを主張したら、ジュエリーは繊細リングの重ねづけで愛らしく。

{ DENIM Style 2 }

キッズ用のGジャンが
キュートバランスを作る

ヴィンテージショップで見つけたキッズ用のGジャンは、何にでも合う抜群のサイズ感。ちょっと派手めな豹柄のロンパースも、ほどよく力の抜けたカジュアルスタイルに変身する。仕上げに少し重めのブラック小物でクールに引き締めて。

Denim Jacket : Levi's
Rompers : H&M
Hat : rag&bone
Bag : Yves Saint Laurent
Shoes : Isabel Marant

{ DENIM Style 3 } ヴィンテージルックで着るカットオフデニム

'70年代風の丸フレームサングラス
スパンコールのブラウスがヴィンテージっぽい着こなしに、レトロな雰囲気のサングラスがベストマッチ。／GUISE

カラフルビーズがヒッピー風のサンダル
色とりどりのビーズでフラワーモチーフをかたどったフラットサンダル。これも'70年代をイメージ。／Buffalo LONDON

Stole : LOUIS VUITTON
Blouse : EMILIO PUCCI
Bag : GIVENCHY

ピンクの石のブレスでちょっとスウィートに
ピンク系の石のビーズがラブリーなブレスは、お気に入りのハワイブランド。／MAUIMARI OCEAN JEWELRY

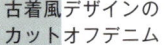

古着風デザインのカットオフデニム
siwyは大好きなデニムブランド。コンパクトなフォルムや色落ち具合もほどよくて、はいた時にカッコよく決まる。／siwy

{DENIM Style 4} 赤を効かせてキュート&ボーイッシュに

レザーキャップで
ちょっとクールに

キャップ自体はボーイッシュだけど、シンプルなブラックレザーなら、適度に大人な雰囲気もプラスされる。／ hat attack

微妙なシルエットが
可愛いデニム

ハイウエストのテーパードシルエットが個性的。足首が見える丈感はフラットシューズによく合う。／ TOPSHOP

Knit : Isabel Marant
Backpack : Simone Camille

キラキラゴールドで
ちょっと外す

ゴールドのグリッターがきらめくサングラス。ジュエリーの代わりに、ボーイズライクなアクセントとして。／ MIUMIU

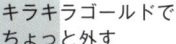

クロップド丈のデニムに
よく合うバレエシューズ

赤いニットで色を主張しているぶん、足元はシルバーのバレエシューズでちょっぴり抑えめに。／ London Sole

》DENIM
着回し

大人に着られる
洗練のスリムデニム

基本的にデニムはスリムタイプが好き。自分の体にジャストフィットなシルエットは、はいていてすごく気持ちがいいし、体も心も引き締まる感じ。ダメージのないダークなインディゴデニムは、何にでも合わせやすく、ラフに着くずしてもクリーンなスタイルをキープできます。

Denim : rag & bone

{DENIM pattern 1}

Coat, Bag : RALPH LAUREN
Knit : The Virginia
Shoes : Christian Louboutin

ボリュームコートでゴージャスに

かなりボリューミーなシルエットのポンチョ風コートを合わせて。エスニックなニュアンスに、洗練のスパイスとしてピンクエナメルのサンダルをプラス。

{ DENIM pattern 2 }

Knit : (bought in France)
Coat : GINGER ALE
Bag : THE ROW
Shoes : JIMMY CHOO

モコモコアウターでキュートな表情に

ぬいぐるみみたいなボアのアウターも、ダークカラーの
スリムデニムならバランスよく決まる。インナーのボー
ダー柄を着こなしのアクセントに。

{ DENIM pattern 3 }

Shirt : Elizabeth and James
Bag : THE ROW
Shoes : CONVERSE

シャツとスニーカーで大人カジュアル

ゆったりめのストライプシャツをさらっと合わせるだけ
でも、クリーンなデニムであればこそ決まる。ポイント
は足元のコンバースで、カジュアルを堪能すること。

DENIM SNAP

デニムはジェシカのユニフォーム。プライベートショットでデニムルックを大公開！

シンプルなカットソーとウエッジソールのヒールでフェミニンに。

一番好きなのはスリムジーンズ

リゾートでは露出度高め！

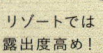

クロップド丈のトップスにカットオフデニム。ハワイならOKのルック。

フレンチシックな感じ？

激しくクラッシュしたダメージデニムには、ロゴTで遊びっぽく。

シーウィのスリムデニムはラインが抜群。ザ・ヴァージニアのボーダーニットで。

シルエットがNo.1デニム

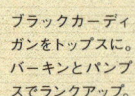

ブラックカーディガンをトップスに。バーキンとパンプスでランクアップ。

クラッシュデニムとヴィンテージのロックTで、王道のコーディネート。

Leather Jacket : Acne
Stole : BAPE
Knit : JOSEPH
Skirt : Isabel Marant
Boots : Isabel Marant×H&M
Bag : Hermès

MY STYLE »
JACKET
[ジャケット]

> JACKET
> Style 1

ハードなライダースなら
ガーリーに味付けても OK

着心地がとてもいいアクネのライダース。ジャケットがハードなぶん、甘いシフォンのティアードスカートを合わせても子どもっぽくならずに着られる。ケリーバッグはヴィンテージのなじんだ感じが、カジュアルに持てる理由。

{ JACKET Style 2 }

クールフェミニンに着る
ホワイトジャケット

薄手のホワイトジャケットは、ラペルもシンプルで何にでも合わせやすく、夏の多くのシーンに活躍。ウエストにペプラムを飾ったピンクのワンピースで、時にはちょっとコンサバに。だけど足元は豹柄のヒールで甘さを引いて。

Jacket : The Virginia
One-Piece : alice + olivia
Bag : Cleobella
Shoes : MANOLO BLAHNIK
Watch : Jaeger-LeCoultre

MY STYLE

JACKET Style 3 メンズっぽいテーラードは小物でおちゃめに

ボリューム感が魅力の アランニット
インナーには厚めのアランニットを合わせて、イギリス風のメンズスタイルを意識。／ BONNIE SPRINGS

ハートのサングラスで 色気をプラス
確か3000円ぐらいで買った遊びのサングラス。シックな服だからこそ、あえてハズシのアイテムとして投入。／ Avan Lilly

オーバーサイズの テーラードジャケット
ゆったりシルエットのコートジャケット風テーラード。ボトムはコンパクトにまとめるのが鉄則。／ Isabel Marant×H&M

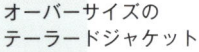

Leggings : TOPSHOP
Bag : VALENTINO
Shoes : London Sole

メンズを意識した ゴツめの時計を合わせる
存在感のある大きなスクエアフェイス。ブラウンの文字盤にパイソンベルトのコンビも好き。／ TAG HEUER

COAT Style — ガーリーにくずすトレンチスタイル

私の永遠の定番のひとつ オールマイティのトレンチ

トレンチはヒールで女っぽく、パンツにラフにはおってマスキュリンにと、いろんな顔になるのが好き。／BURBERRY

Stole : WEEKDAY
Bag : Mulberry

少しくせのある 赤いヒールを効かせて

ガーリーな味付けの決め手は、デザインされた赤いストラップシューズ。だけど子ども過ぎないハイヒールで。／PRADA

レザーのミニで おしゃれ度を上げる

デニムのミニよりも、ブラックレザーのミニが高感度に決まるポイント。今、パリとロンドンで大人気のブランド。／Maje

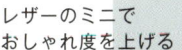

ボータートップスできれいめに

インナーには、シャツよりもボーダーのカットソーで、ほどよくクリーンなカジュアルを演出。袖口のボタンも好き。／The Virginia

≫ JACKET
着回し

春から夏にかけて活躍する
しなやかスウェード

着心地のよいとても柔らかなスウェードで、何にでも合わせられる便利な一枚。襟からフロントにかけてドレープを生む巧みなカッティングになっているので、レザーでもハード感はなく、やさしい雰囲気で着られます。スリムで長めの袖も、着こなしにニュアンスをプラス。
Jacket : Rick Owens

JACKET pattern 1

One-Piece : Sandro
Bag, Shoes : Christian Louboutin

ロングワンピースでエスニック風に

ショートジャケットはロングワンピに合わせてもバランスよく決まる。裾がカットワークレースになったワンピに、ファーバッグと刺繍の靴でエスニックを意識。

{ JACKET pattern 2 }

One-Piece : T BY ALEXANDER WANG
Bag : Chloé
Shoes : Christian Louboutin
Sunglasses : LINDA FARROW×
KRIS VAN ASSCHE

{ JACKET pattern 3 }

Tops : The Virginia
Denim : cibi
Shoes : Christian Louboutin
Cap : BRORA

淡いトーンでまとめて女っぽく

ボディコンシャスな白いワンピースを合わせれば、ジャケットの柔らかなドレープが、よりフェミニンに印象づけられる。白と淡いグレーが上品なカラーコンビ。

スリムデニムでカジュアルに

デニムに白いトップスのシンプルコーディネートにも、さらりとはおるだけでランクアップ。同色のスウェードパンプスで、さらにスタイリッシュ度もアップ。

» JACKET
着回し

カッチリ感が欲しい時に
便利なブラックジャケット

どんなにカジュアルな服にも、一枚はおるだけできちんとした印象になるのがブラックジャケットの魅力。ボクシーシルエットの1ボタンジャケットは、オーバーサイズで丈も長めだけど、きちんと計算されたきれいなシルエットをキープ。合わせる服を選ばない優れものです。

Jacket : Helmut Lang

JACKET pattern 1

One-Piece : rag & bone
Shoes : CHURCH'S
BAG : Yves Saint Laurent
Sunglasses : GUISE

チェックワンピでロンドンの学生風に

タータンチェックのミニワンピにはおって、制服みたいに。ホワイトソックスと赤いレースアップシューズ、レザーのカッチリショルダーで気分を盛り上げて！

Knit : The Virginia
Leather Leggings : alice+olivia
Shoes : repetto
Hat : MAISON MICHEL

Shirt : Steven Alan
Denim : Levi's
Shoes : Christian Louboutin

マニッシュルックを足元でちょっと外す
白いVニットにレザーのレギンス、ブラックハットとモノトーンで揃えてマニッシュに。足元だけペタンコの赤いバレエシューズで、可愛く外すのがポイント。

カットオフデニムでボーイッシュに
カットオフデニムにストライプシャツをイン。袖をクシュッとまくってカジュアルに着くずしたら、ブラックタイツとエッジーなヒールで引き締めて。

One-Piece : RALPH LAUREN
Bag : BALENCIAGA
Shoes : J Crew
Watch : Cartier
Earrings : (bought in India)
Necklace : Ketty Mylan in agete
Bracelet : Tiffany&Co.

MY STYLE »
ONE-PIECE
[ワンピース]

{ ONE-PIECE Style 1 }

シルエットが最高に
きれいなカシミヤワンピ

ラルフローレンのカシミヤニットワンピースは、撮影で着て、あまりにも気持ちよかったから即買い取った一枚。ほどよくコンサバで上品だから、ディナーに結婚式にと大活躍。色のきれいなシューズを合わせるのがお気に入りのスタイル。

> ONE-PIECE
> Style 2

パナマ帽で一気に
リゾートスタイル

夏っぽくて大好きな小花柄のワンピース。トップ部分のティアードフリルも女の子っぽくていい。特にハワイでは、こんな風にパナマ帽で思いきりリゾートを満喫しちゃう。都会ならキャメルカラーのレザージャケットをはおればOK。

One-Piece : TOPSHOP
Hat : Teuffaux
Sandals : Capri Sandals
Pendant : (bought in Prague)

{ ONE-PIECE Style 3 } ## ナチュラルな甘さで着るコットンワンピ

**夏の肌に心地よい
コットンレース**
少女のようなホワイトコットンの総レースワンピース。袖や裾のスカラップヘムも愛らしさ満点。／Velnica

**海のモチーフが
キュートなネックレス**
ハワイの大好きなジュエリーブランド。ゴールドのヒトデモチーフに石の色が可愛い。／MAUIMARI OCEAN JEWELRY

**アクセントになる柄と
素材感が好き**
LAでよく行くセレクトショップMADISONで買ったストール。肌触りもすごくいい。／MANGROVE

**サングラスは
ちょっと派手めがお約束**
ゴールドのグリッターがきらめく丸いフレーム。甘くなりすぎないようにサングラスでユーモアをプラス。／MIUMIU

Hat : (vintage)
Bag : (vintage)
Shoes : Jeffrey Campbell Woodies

ONE-PIECE Style 4 スウィートなワンピースをゴージャスに着る

ゴールドモチーフで一気に華やかに

どこかヴィンテージっぽいデザインがお気に入り。LAのFred Segalで、なんと100ドルで入手。／Christian Louboutin

エキゾチックなテイストがほどよい華やかさをプラス

ジュエリーもアンティークっぽいニュアンスで。Earrings ／ (bought in India) Necklace ／ Ketty Mylan in agete

Fur Jacket : MISSONI
Bag : MIUMIU

フォルムがとにかくキュート

ローウエスト切り替えのギャザーや袖のドレープなど可愛いディテールが満載。凝った素材感で魅せる一枚。／The Virginia

パーティ仕様の上がるコスメたち

赤いグロスとキラキラパウダーは、ゴージャス気分を盛り上げるのに重要なツール。／Gloss : TOM FORD　Powder&Perfume : GIVENCHY

≫ ONE-PIECE
着回し

色にひと目惚れした
シャツワンピース

しなやか素材と淡いピンクが女らしい一枚。肩のギャザーがふんわりとした絶妙なシルエットを生みます。基本的にワンピースはパンツやレギンスなどで重ね着をしない主義。ベルトでシルエットを変えたり、合わせる靴でスタイリングに変化をつけたりします。

One-Piece : ANN DEMEULEMEESTER

{ ONE PIECE pattern 1 }

Bag : RALPH LAUREN
Belt : LANVIN
Sandal : Christian Dior

ウエストマークでフェミニンに

素材がとてもやわらかいので、ウエストをベルトマークするときれいなドレープが生まれます。ヒールと鮮やかピンクのバッグで女らしい雰囲気をキープ。

ONE-PIECE pattern 2

ONE-PIECE pattern 3

Stole : Mulberry
Bag : Hermès
Boots : DOUBLE STANDARD

Coat : FRUIT CAKE
Hat : LIU JO
Belt : (vintage)
Shoes : Sandro

ストールとブーツでアクティブに味付け

すとんとしたまま着ても、空気をはらんで揺れる質感も素敵。ゼブラ柄のストールとニーハイブーツで秋のカジュアルスタイリングを演出。

豹柄コートを重ねてセクシーに

ワンピースの表情をくずさない、ゆったりシルエットの豹柄コートをふんわりはおって。足元はマニッシュなレースアップシューズを素足に履いて少し外す。

≫ ONE-PIECE
着回し

ラインがパーフェクトな
リトルブラックドレス

小物やジュエリー次第で表情が変えられて、どんなシーンにも対応するリトルブラックドレス。このトップショップのワンピースは、ウエストからゆるやかに広がるフレアラインが美しく、デコルテの見え方も完璧。カジュアルにもドレッシーにも着られるのでかなり優秀です。
One-Piece : TOPSHOP

{ ONE-PIECE pattern 1 }

Bag : CHANEL
Shoes : repetto

シャネルバッグでお出かけスタイル

シャネルの定番キルティングレザーのバッグは、チェーンのストラップがジュエリーのようにラグジュアリー感を演出。足元はバレエシューズであえて可愛く。

{ONE-PIECE pattern 2}

Sunglasses : MIUMIU
Shoes : PRADA

{ONE-PIECE pattern 3}

Jacket : GAS
Belt: Reiss
Shoes: CONVERSE

インパクトのある靴で個性的に演出
ワンピースがシンプルだからこそ、個性の強い小物を合わせても品よく決まる。ゴールド×グリーンのコンビシューズにグリッターサングラスで大胆に味付け。

ライダースでちょっぴりハードに
ライダースとコンバースでカジュアルダウンすると、また全然違う表情を楽しめる。豹柄ベルトのウエストマークだけでも、十分印象が変わる。

MY STYLE »
FLAT SHOES
[フラットシューズ]

Shoes : D&G
Knit : ZARA
Denim : THE RQW
Bag : PRADA

FLAT SHOES
Style 1

ボーイフレンドデニムは
ロールアップで足首を見せる

フラットシューズの時は、全体のシルエットがバランスよく見えるよう気をつける。バルキーニットとボーイフレンドデニムのラフなスタイリングも、足首の華奢な部分を強調させるだけで見え方は変わる。力を抜きつつ、抜かりなく。

{ FLAT SHOES Style 2 }

デニムのロンパースと
ピンクの靴で愛らしく

脚の露出度が高ければ、フラットシューズもきれいに決まる。古着屋で買ったロンパースに、ピンクのバレエシューズと花柄カンカン帽で少しキュートに南仏リゾートな気分。ジュエリーもゴージャスになり過ぎない華奢なもので揃えて。

Shoes : London Sole
Rompers : (vintage)
Hat : CA4RA
Bag : Chloé
Jewelries : Jacquie Aiche Jewelry

»FLAT SHOES

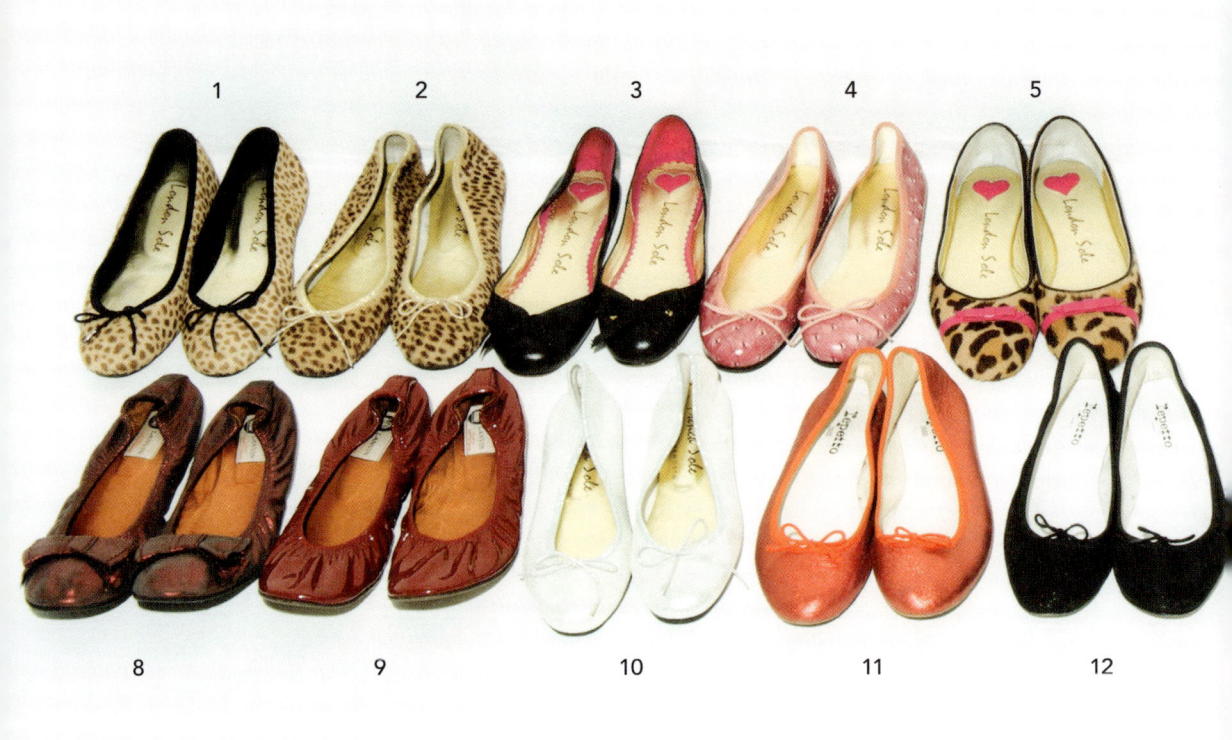

1   2   3   4   5

8   9   10   11   12

1~6,10
London Sole

可愛いデザインが
バリエーション豊富に揃う

イギリス人デザイナー、ジェーン・ウィンクワースのバレエシューズ。とにかくデザインも素材も種類がたくさん。比較的リーズナブルな価格も嬉しい。

7
D&G

他にはない
エッジー加減が魅力

どうしても甘いデザインが多いバレエシューズだけど、これはブラウンスウェードにスタッズをちりばめたクールなタイプ。他と違って大人の雰囲気。

8~9
LANVIN

上質素材で
履きやすさNo.1

上質で柔らかなラムレザーを使っていて、履き口は伸縮する仕組み。足にフィットして履きやすさは一番優秀。フェミニンなデザインも好き。

11~13
repetto

ベーシックで
間違いなしの完成度

たくさんあるバレエシューズの中でも、ダントツで好きなのはレペット。シンプルだからこそ、フォルムのきれいさや履き心地の良さがよくわかる。

IN MY BAG
[バッグの中身]

普段持ち歩いているバッグの中の基本アイテムを全部見せちゃいます。
最近のデイリーバッグはGIVENCHYのアンティゴナ。

1 **財布**
年明けに毎年替える財布は、いつもプレゼントで頂いたもの。今年はエピの白。／LOUIS VUITTON

2 **ジュエリーケース**
スマイソンのケースは種類がたくさんあって便利。これはデイリー用の小さめタイプ。／SMYTHON

3 **ジュエリー**
華奢なリングはたくさん重ねづけしても邪魔にならなくて好き。／Jacquie Aiche Jewelry etc.…

4,5 **サングラス&ケース**
サングラスはその日のスタイルによって違うけれど、必ず入れています。／JIMMY CHOO

6,7 **コスメ&コスメポーチ**
エッセンシャルオイルやリップなど、ポータブルのケア物が中心。RMKのポーチに入れて。

8 **デジカメ**
デジカメなのに赤いレザー張りデザインがクラシックで気に入っている。／FUJIFILM

9 **サプリメント**
常に補給したいヴィタミンC。口に入れるとすっと溶けるので便利。／Nature Made.

10 **iPod**
最近のお気に入りは、ビヨンセのアルバム『Beyonce』とニュージーランド出身の歌手、Lorde。

11 **タオル**
とても肌触りがいいミニタオルはハンカチ代わりに。コスメキッチンで購入。

12 **スケジュール帳**
優れもののHOBONICHI手帳。機能的で使いやすいだけじゃなく、レザーカバーの質感や色も好き。

MY STYLE

45

One-Piece : Herve Leger
Bag,Shoes : Christian Louboutin
Necklace : TASAKI

MY STYLE »
FIT &
LOOSE
[ピタ＆ガバ]

{ FIT&LOOSE Style 1 }

隙がない服を着る時は
遠慮せずに着飾る

体のラインにピッタリと沿う服を着ると、意識も高まって自然とボディラインも引き締まる気がする。しかもドレッシーな服なら、できる限りゴージャスなジュエリーや小物で引き上げる。中途半端より、徹底的なほうが気持ちいい。

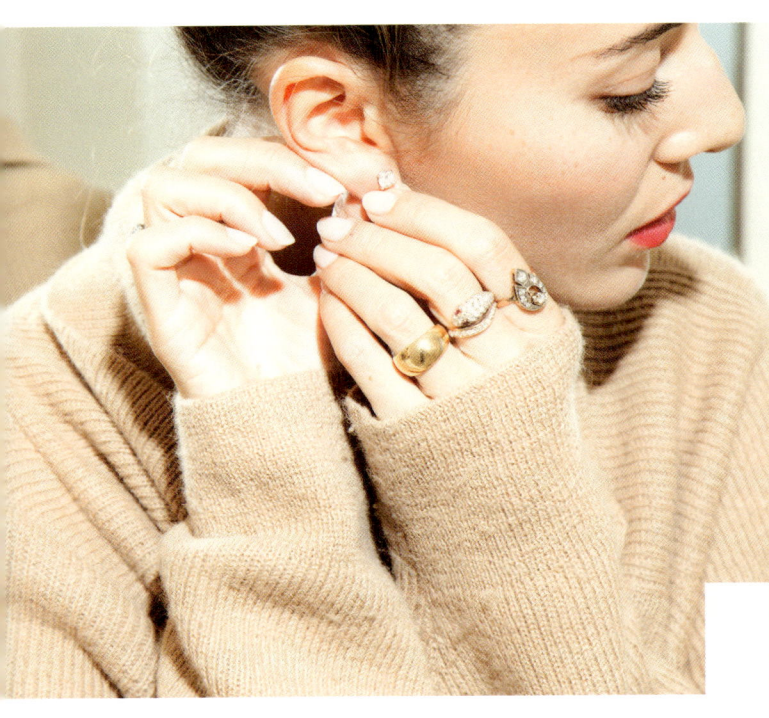

> FIT&LOOSE
> Style 2

ルーズな服ほど
全体のバランスが大切

バルキーやボリューミーなニットを、一枚で着るのも好き。重くなってしまわないよう、ボトムはなるべくスリムにまとめて。スニーカーならインソールヒールでバランスよく。ヴィヴィッドな色の小物を持つとより全体が引き締まる。

Knit : Alexander Wang
Leggings : TOPSHOP
Bag : MICHAEL KORS
Shoes : Nike

| FIT&LOOSE Style 3 | **ポンチョに負けない個性派小物で楽しむ**

小さくても
存在感のある巾着
素材や色使い、ディテールが絶妙なデザイン。ちょっとクセがあって、だけど可愛い！／MIUMIU

五角形のフレームが
ユニークなサングラス
フレームのフォルムが珍しい五角形タイプ。実際にかけると意外にエレガントな感じになって大好き。／MIUMIU

サイズ感が優秀な
ゴールドバングル
人気のバングル、マンシェット。サイズが3種類あって、自分の腕にピッタリのものを選べるのもいい。／CÉLINE

着るだけで楽しくなる
凝ったデザイン
ピエロみたいな襟のデザインがとてもユーモラス。ボトムは当然スリムパンツですっきりと。／RALPH LAUREN

Pants : Isabel Marant x H&M
Boots : LOEWE

other item 》
巾着の代わりに
ユニークなボリュームバッグ
ほとんどがフリンジだから、実は全然物が入らない。でも、どこかペットみたいで可愛い。／SONIA RYKIEL

FIT&LOOSE Style 4 露出度の高い"ピタ"はシックな色使いが大切

足元はセクシーにならない オペラシューズを選択
ヒールやサンダルではなく、あえてペタンコのオペラシューズで。適度な高級感もポイント。／MIUMIU

繊細なジュエリーで あくまでも品よく
ダイヤモンドをチェーンでつないだ2連ネックレス。ハワイのアンティークウォッチ&ジュエリーの店で見つけたもの。

日焼け肌を演出して 健康的に見せる
露出度の高い服は日焼けした肌が基本。日焼りができない時は、ブロンズの肌に見せるボディクリームで。／GIVENCHY

黒ベースの花柄なら 都会仕様に
ストレッチの効いたタイトスカート。ハイウエストなので、ショート丈のトップスと相性がいい。／ZARA

Tops：TOPSHOP
Bag：PRADA

other item ≫

ブラックのブラトップで さらに大人っぽく
LAのランジェリーショップで買ったブラトップ。淡い色だとリゾートになっちゃうけど、黒ならシックに決まる。

MY STYLE

Chapter 2
TRIP

Trip is a part of life.

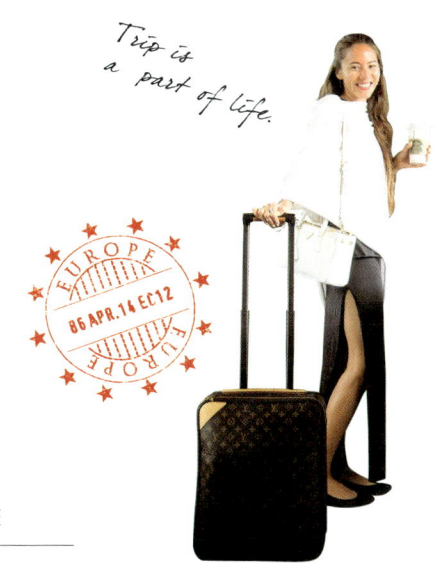

- RELAX STYLE
- AIRPLANE
- EUROPE TRUNK
- HAWAII TRUNK

旅先を想像しながら準備する時間も好き

プライベートと仕事の両方を合わせると、一年の大半を海外で過ごしています。経験を重ねて、やっとスマートに旅の支度ができるようになってきました。特にヨーロッパに行く時は、事前にすべてのコーディネートをシミュレートしていきます。かつてはただ感覚で服を持っていくことも多かったけれど、結局合わせる服がなくて、全く着ない服を持っていることがストレスになったりすることも。今はコーディネートに迷わないから、旅先での時間も余裕がもてるようになりました。それから、行く国の雰囲気によっておしゃれを考えるのも好き。例えば水着にしても、ハワイならスポーティなものやエスニックなビキニがよく似合う。南フランスだったら、ビキニよりレトロっぽいワンピースが素敵。準備の時から旅のワクワクが始まっているんです。

» RELAX STYLE
そのまま現地に溶け込める機内快適スタイル

> RELAX
> Style 1

シックで心地よい
ブラックロンパース

ヨーロッパに行く時は基本的にシックなカラーリングをセレクト。着ていてとにかく楽なロンパースは光沢のあるしなやか素材のブラックで、大人っぽく着られるのも鍵。大判のストールは、おしゃれのアクセントにも寒さ対策としても必須。

Rompers : ZARA
Stole : (bought in London)
Bag, Luggage : LOUIS VUITTON
Sandal : STEVE MADDEN
Watch : TAG HEUER

Knit : sass&bide
Skirt : TOPSHOP
Bag : Simone Camille
Sandal : (bought in Germany)

> RELAX
> Style 2

ハワイの空気になじむ
明るいフラワープリント

花柄のロングスカートに肌触りのいいカシミヤのニット。ハワイでは気にならない大胆なスリットも、機内は寒いのでタイツとメディキュットでカバー。エスニックなバッグとペタンコサンダルは、実用的かつ気分も盛り上がる。

» AIRPLANE

BLANKET

BOOK

SOCKS

PASSPORT CASE

CARE GOODS

EYE MASK

機内でリラックスするためのマストアイテム

飛行機の中ではとにかく快適に過ごすことが最優先。持ちこめるアイテムも限られているので、試行錯誤した結果、これらが今のベストセットです。とにかく肌触りがいいベアフットドリームスのブランケットは、ストールとしても使えて便利。

暗くないと眠れないので必ず持っていくアイマスクは、ラベンダーのポプリ入りでアロマ効果もある優れもの。スマイソンのパスポートケースは、現地でクラッチとして使うことも。どれも機内だけでなく、旅先でも活躍するものばかり。

EUROPE

@HOTEL

旅先でも暮らすように過ごしたいので、荷物はすべて出します。

@HOTEL

クローゼットは靴やバッグもきちんと並べます。

HAWAII

57

TRIP EUROPE STYLE

SHOES ×4
OUTER ×2
STOLE ×1
PANTS ×3
ONE-PIECE ×2
BAG ×3
TOPS ×4
SUNGLASSES ×2

冬のヨーロッパはリュクス感がキーワード

冬物はどうしても荷物がかさばってしまうので、着まわしが利くアイテムを厳選して持って行きます。同じヨーロッパでも、国によって街並みも違うので少しずつ服も変えるけれど、共通して重視しているのがエレガントさとリュクス感。限られた中だからこそ、利便性も重要になってくる。おしゃれしたいからヒールは欠かせないけれど、街を歩くのも好きなのでペタンコ靴は外せない。バッグならどんな服にも合わせやすくて、シーン別に違うタイプを選びます。

SHOES
街を歩くためのシューズと
ドレスアップ用の2パターンを必ず

Stuart Weitzman

Azdine Alaïa

Sergio Rossi

FENDI

TOPS
冬ならニットのバリエーションを。
合わせやすい差し色もしくはモノトーン

DENIM & SUPPLY
RALPH LAUREN

MICHAEL KORS

TOPSHOP

MISSONI

OUTER
トランクに入れてもシワにならない
あったかゴージャスアウター

MISSONI

moussy

STOLE
カシミヤが心地よい防寒ストールは
着こなしのアクセントにも活躍

JOSEPH

BAG
どんなシーンにも対応する
3サイズのリュクスバッグを厳選

Chloé

CHANEL

PRADA

PANTS
コーディネートしやすい
スリム&コンパクトシルエットのパンツ

JET

RALPH LAUREN

GIVENCHY

ONE-PIECE
ディナーやお呼ばれに活躍する
ベーシックなドレスアップワンピ

T BY ALEXANDER WANG

SONIA RYKIEL

SUNGLASSES
おしゃれにマストなサングラスは
ヨーロッパならグラマーなものを

CÉLINE

3.1 Phillip Lim

TRIP HAWAII STYLE

TOPS × 4
SUNGLASSES × 2
TUNIC × 4
BAG × 3
SKINCARE × 11
PANTS × 3
SUNDRESS × 3
SANDALS × 2
HAT × 1
BIKINI × 4

ハワイだから着られる服を心置きなく詰める

これで1週間ぐらいの想定。ちょっと多すぎるかなってママに相談したら、「そんなにかさばるものでもないんだから、好きなだけ持って行けばいいのよ」ですって。ハワイでは海にも入るし汗もかくから、一日に何度も着替えます。それに、水着の上に着てしまえばファッションが成り立つ場所だから、都会では躊躇する透ける服や露出度の高い服をたくさん持っていく。帽子やサングラスなどの小物やジュエリーも、ハワイに行ったら合わせたくなるものが結構あるんです。

TOPS
ハワイのビーチや街に合う
明るい色のトップス

one teaspoon

ZARA

BODY GLOVE

Acne

SUNGLASSES
ちょっと派手めなサングラスが
ハワイでのスタンダード

BURBERRY

Ray-Ban

TUNIC
水着の上にさらっと着てさまになる
リラックスチュニック

DIANE VON FURSTENBERG

rose bullet

Joie

tiare hawaii

BAG
ビーチにも持っていける
エスニックなデザインが好き

(bought in India)

Anya Hindmarch

Stela9

SKINCARE
なるべく海にやさしい
ナチュラル系のサンケアグッズ

SUNDRESS
ハワイだから着られるカラフルな
サンドレスやマキシドレスを楽しむ

tiare hawaii

Young, Fabulous & Broke

LA PERLA

HAT
ロマンティックなツバ広の帽子で
リゾートスタイルを満喫する

Eugenia Kim

PANTS
街でもビーチでも活躍する
ビキニトップに合うパンツ

TOPSHOP

Levi's

ZARA

SANDALS
サンダルはナチュラルな素材感と
履き心地の良さが決め手

Joie

Capri Sandals

BIKINI
コンパクトなビキニが
最近のロコたちのトレンド

MIKOH SWIMWEAR

BODY GLOVE

Pualani

ACACIA SWIMWEAR

3 CLOSET

Chapter

▶ CLOSET   ▶ ACCESSORIES

▶ OTHERS

ただ持っているだけで幸せな物もある

友達と一緒に買い物に行って、私が選んだものを「ジェシカっぽい」って言われるとすごく嬉しい。自分に合ったもの、好きなものからはパワーがもらえるんです。それは、ブランドや値段に関係なく、身につけるだけで笑顔になれるし、自信もつく。自分らしく振る舞える。もしかしたら全然使わないかもしれないけれど、持っているだけで幸せな服やバッグもあるんです。おしゃれのアイテムって、もしかして身につけるだけじゃない、違う力があるのかもしれない。だから、私のクローゼットはとにかく物がいっぱいです。大好きなブランドももちろんあるけれど、カジュアルなTシャツとかおもちゃみたいな小物とか。ファッションの領域を超えて、コレクターですね。デコレーションしてうっとり見ている時は、インテリアの感覚もあると思います。

CLOSET

トランクをチェスト代わりに
上・ユニオンジャックのトランクはインテリアとしても可愛いので、シューズ用のチェストとして活用。下・使用頻度の高いサングラス。

無造作に見えて、カテゴリーごとに定位置がある小物類
左上・形の決まったハードタイプのバッグと、ソフトタイプのバッグを効率よく収納。左下・ハットボックスの中にぎっしり詰まったニットキャップ。右・ラックの角を利用して、ショルダーバッグやハットをひっかけて、使いたいものはすぐわかるように。

部屋を埋めつくす服の並びにもルールがある

主に夏服と、アクセサリー小物用に一部屋を丸ごとクローゼットに。壁三面に隙間なく配置したラックには、キャミ、ワンピ、スカートと、アイテム別にかけるようにしている。

トレーニングウエアのコーナー

頻繁に使うトレーニングウエア。普段のおしゃれとは違って、スポーツならではの色使いやテイストのものを選ぶのも楽しい。

ロングワンピ＆スカートのラック

違うアイテムでもテンションが似ている服は、隣に並べておくとコーディネートがとても楽。普通のワンピは数が多いので色別に仕分け。

大量の水着は、大きなトートバッグにぎっしり詰め込んである。サンケアグッズとともに。

チェックとストライプ柄のコロコロなら、床に転がしておいても気にならないと思って。

デザインが美しい靴は見ているだけで楽しい

三面を服のラックでつぶした部屋の最後の一面は、主にシュークローゼットとして活用。靴も服と同様、色やテイスト別に並べてある。靴がずらっと並んでいる様子も好き。

テイスト別に並ぶと気持ちいい

上・小さめのクラッチバッグは横向きに立てて並べると取り出しやすい。下・ピンク〜ピンクベージュのシューズを並べた棚。

フラットシューズとブーツは下に

上から見たほうがわかりやすいフラットシューズや、ブーツなどの重い靴は一番下段に。ディスプレイとしてもそのほうが美しいから。

ベッド脇のチェストはジュエリー用のドレッサーに

アンティークの白いチェストにゴールドフレームの鏡を組み合わせてロココ調に。ここは主に普段使いのジュエリーをディスプレイしている。

ベッドルーム脇の小さな部屋は秋冬アイテム用

左・ベッドルームに併設されたウォークインクローゼット。ドアが一面鏡張りになっていて何かと便利。右上・一番奥のラックにはファーのコートやジャケットが掛けてある。右下・たたんだTシャツやカットソー類もこの部屋に収納。

たんすの上に山積みのデニム

上・大好きなデニム類はほとんどすべてここに集結。下・たんすの中身は主にトレーニングウエアやカットソー。

ACCESSORIES

ジュエリーもテイスト別にカテゴライズ

メインのジュエリーケースはルイ・ヴィトンのアンティーク。リングやブレスなど、アイテムごとに分けている他、色石、華奢、大ぶりなど、自分なりのテイスト別に仕分け。

アンティークの天秤をジュエリーディスプレイに

私がてんびん座なので、ママが天秤のオブジェをよく買ってくるんです。2つともアンティークで、華奢なジュエリーともよく合うのでディスプレイに活用。

繊細なものほどきちんと整理

上・ジュエリーがとにかく大好きなんです。下・絡まりやすいネックレスはジュエリートランクのふたにひっかけてディスプレイ。

意識を高めるための
ディスプレイ

上・カラフルなコスメは、女度を上げる重要なツール。並んでいるだけでも気持ちが変わる。下・鏡には永遠の憧れ、オードリー・ヘプバーンの写真。

ジュエリーは使わないものでも、とにかく飾っておく主義。

鏡台は女のサンクチュアリだから、思いきりスウィートに

ジュエリーコーナーのチェストとお揃いの鏡台。キャンディカラーのコスメや美しいボトルは、それだけで十分女っぽいデコレーションになるもの。無造作にたくさん並んでいる感じも好き。アロマキャンドルや大好きなバラの花でロマンティックムードを足して。

OTHERS

大量のコスメや香水も棚に陳列
たくさん増えてしまったコスメも、ある程度まとまるとディスプレイとして成立する。特に香水のボトルは美しいので、いつも見える所に。

床に置いてもさまになるオブジェ
本棚の下に並べてある絵や写真集。一見バラバラに見えて、好きな世界観という共通項を満たしているからディスプレイとして成立する。

心を安らげるための癒しのグッズたち
クオーツやアメシストなどの天然石やアロマオイル、キャンドルなどを集めたコーナー。パワーをもらえる天然石は、家のいたるところに置いてある。

本もカテゴリーごとに並べると気持ちいい

シリーズごとに並べるのは当然だけど、本の高さを揃えるととてもすっきり。ベッドルームの一面が本棚になっているから、クリーンな状態をキープしておきたい。

本はスピリチュアル系が好き

精神世界のお話の本はとにかくたくさん読んできました。幸せになれる言葉やエネルギーをたくさんもらっています。

一番好きな花は、バラかもしれない

それほど強く意識していたわけではなくて、気がつくと自然とバラを選んでいるみたい。かつてコラボで作ったアロマキャンドルも、バラの香りがテーマだった。ゴールドの額縁のバラの絵画は、インテリアショップKINOで見つけたアンティークのもの。

**ちょっと変わった
ユニークオブジェ**

海外で見つけたオブジェを、時々インテリアのアクセントに飾る。おしゃれと同じで、遊び心が大切。

71

Chapter

4

STYLING

▶ RED ACCENT　▶ SHOULDER BAG　▶ JEWELRY
▶ SUNGLASS　▶ STOLE　▶ HAT

服は心地よく、小物は遊びのあるものを

服自体はシンプルなものが好きだから、アクセサリーで変化をつけるのが基本です。そのせいか、小物やジュエリーはインパクトのある色やデザインのものに惹かれます。必ずしもブランドにはこだわらない。確かに年齢とともに良いものを知るようになると、ハイブランドの魅力を実感するようになります。もちろんハイブランドのものだけで揃えるのも素敵だと思うけれど、私はファストファッションを組み合わせるのも好き。だって高級すぎて自分では洗えない服ばかりを着ていたら、疲れちゃう。肌に触れる服やジュエリーの素材の質は重要だけど、良いものが必ずしも高くあるべきではないと思う。服は着ていて心地よいものを着る。小物で大胆に遊んで気分を上げて、それが私らしさにつながった時、おしゃれってすごく楽しいと思います。

スタイリングの秘密 1
小物に赤を効かせる

赤を一つ入れるだけで女度がぐっとUPする

赤はとても好きな色。真っ赤なワンピースを一枚着るのもいいけれど、シーンによっては強すぎる場合もあるので、そんな時は赤い小物を投入。おしゃれ感が出るし、女度を上げる最強のカードに。

Shoes : PRADA
Knit : Sparkle&Fade
Pants : BALENCIAGA

RED ACCENT Style 1

モノトーンに赤いヒールは無敵のコーディネート

バルキーなホワイトニットとブラックのレザーパンツ。強めのモノトーンスタイリングも、赤いヒールを合わせるだけで一気にエレガントな印象に。細いレザーのブラックリボンがほどよい甘さのシューズは、ジェシカのJが刻印されている。

{ RED ACCENT Style 2 }

赤いサングラスは
少し遊び心を足したい時に

このミュウミュウのグリッターサングラスは、形もデザインも大好きで、色違いでいくつも持っています。シルエットがとてもきれいなニットワンピースをちょっとゴツめのブーツで外したら、赤いサングラスでキュートな遊びをプラスして。

Sunglasses : MIUMIU
One-Piece : Rick Owens
Boots : Alexander Wang

{ RED ACCENT Style 3 }

全身黒に赤のアクセントは
大人のイメージ

黒いカシミヤニットに光沢感のあるボリュームスカートを合わせて、カジュアルにドレスアップ。足元はバレエシューズでちょっと甘いブラックコーディネートにまとめたら、仕上げに赤いバッグをひとつ足すだけで大人のスタイルになる。

Bag : GIVENCHY
Knit : J.Crew
Skirt : The Virginia
Shoes : repetto

RED items

ハワイで見つけた赤い石のネックレス

ノースショアにある天然石のお店で購入。華奢なチェーンと石のコンビがヴィンテージっぽくて気に入っている。

無機質なアイテムほど赤で色気を足す

なかなか素敵なiPadケースがない中、スマイソンの赤いレザーケースは大満足。名前入りでなおさら愛しい。／SMYTHON

少し甘くしたい時のヘッドドレス

黒いトリミングラインが入ったリボンモチーフのカチューシャ。これをつけると一気に女の子っぽくなる。／Ron Herman

黒ベースのワンピースに赤いバッグがよく映える。

セクシーな赤いボトルに大人の香り

赤い香水ボトルにゴールドのプレートがモダンでセクシー。高級感のあるジャスミンの香り。／TOM FORD

丸い形が可愛い赤いジュエリーケース

スマイソンはいくつも持っているけれど、やっぱり赤いレザーは特別好き。普段の携帯にちょうどいいサイズ。／SMYTHON

服の表情がガラッと変わる赤いエナメルベルト

細くても赤いベルトは印象が強いので、1本あるとスタイリングに重宝する。ワンピースでもデニムでも。

赤いネイルをすると、指先にも緊張感が生まれる。

コンパクトでもパンチあり

最近お気に入りのショルダータイプのバッグ。ストラップも着こなしのアクセントになる。／MIUMIU

赤いエナメルのヒールは女度も格別

エナメルの上質な光沢感は、赤をよりスペシャルな感じにする。フォルムが美しいヒールは完璧。／Giuseppe Zanotti Design

コラボレーションで作ったソイキャンドル

大好きなハワイのオーガニックコスメとコラボで作ったキャンドル。ジャスミンローズの甘い香り。キャンドルに描かれたバラもきれい。／Malie Organics

シックな服に鮮やかな赤いバッグを持つ。すごく好きなスタイル。

赤いチークはつけなくても、見ているだけで色めきたつ感じが好き。

赤いコスメは女っぽさを作る効果No.1

リップやネイルを赤にすると、自然と気持ちやしぐさが女らしくなるから不思議。／Brush：SHU UEMURA　Lip Gloss：GIVENCHY　Nail Polish：ANNA SUI　Lip Stick：CHANEL　LIP PENCIL：NARS

スタイリングの秘密 2

ショルダーバッグをかける

最近ショルダーバッグの魅力に目覚めた！

可愛いショルダーバッグが目に付くようになった。使ってみると、肩にかけたり斜めがけにしたりと着こなしに変化もつけやすい。何より、歩くのが好きな私にとっては実用的なところもいい。

SHOULDER BAG *Style*

私にとっての白いバッグはオールマイティな最強小物

ドット柄のシャツワンピースに、カッチリとした白いショルダーバッグで清潔感のあるトラッドを演出。白いバッグは夏なら爽やかな差し色に。冬ならモコモコの白いニットにもよく似合う。シーンもスタイルも季節も選ばない、万能選手。

Bag : PRADA
One-Piece : The Virginia

SHOULDER BAG items

1 **赤にゴールド金具が高級感のあるデザイン**
レザーのソフトな質感と、横長のフォルムも気に入っている。／Chloé

2 **カジュアルに持てるゴールドバッグ**
アンティーク風のくたっとしたレザーと、きつすぎないゴールドがいい。／Chloé

3 **存在感のあるゴールド金具も好き**
クロエのElsieラインもわりと多く持っている。ターンロックが特徴的。／Chloé

4 **エッジーなメタル使いが効いている**
PS11シリーズ。着こなしをクールに引き締めたい時に。／Proenza Schouler

5 **ユニークなホワイトタイガー柄**
ロンドンに行くと欲しくなるマルベリー。プリントが印象的で購入。／Mulberry

6 **スポーティなバイカラーボストン**
Aliceは少しレトロな雰囲気のあるスポーティシックなデザインが好き。／Chloé

7 **ベーシックで使えるベージュの巾着**
何にでも上品に合わせられて、使い勝手もよくて便利なベージュのバッグ。／Chloé

スタイリングの秘密 3
ジュエリーの重ねづけ

組み合わせによって表情を変える

ゴージャスなジュエリーを一点つけるのもいいけれど、普段はだんぜん重ねづけ派。色石をポイントにしたり、モチーフの組み合わせを楽しんだりと、バリエーションを楽しめるから好き。

Jewelries : Jacquie Aiche Jewelry,
Shylee Rose JEWELRY (or antiques)
One-Piece : (bought in Singapore)

{ JEWELRY Style 1 }

定番の重ねづけは華奢なリングをたくさん！

Shylee Rose JEWELRYの石のついていない繊細なリングは、他のリングと組み合わせやすいのでとても便利。エメラルドはハワイのアンティークウォッチ＆ジュエリーショップで購入したもので、猫のリングはママから譲り受けたもの。

{ JEWELRY Style 2 }

ブルーをベースにした
天然石ジュエリーの重ねづけ

ターコイズやラピスラズリなど、ブルー系の石を中心にコーディネート。天然石はパワーをもらえるぶん、その日につけていて気持ちいいと感じるものを選ぶようにしている。服に合わない場合はバッグに入れておくことも。

**Jewelries : Jacquie Aiche Jewelry,
　　　　　　 Maui Divers Jewelry
　　　　　　 (or bought in India)
One-Piece : TOPSHOP**

{ JEWELRY Style 3 }

個性的なペンダントモチーフは
やさしいトーンで合わせる

原石をそのままジュエリーにしたものは、同じ形は2つとない一点物だからとても好き。細長い石は浄化作用のあるアメシストのクラスター。トンボはプラハで買ったブローチをペンダントに。華奢なチェーンで揃えるとうるさくならずに決まる。

**Jewelries : MAUIMARI OCEAN JEWELRY,
AQUARYLIS (or bought in Prague, Hawaii)
One-Piece : river island**

JEWELRY items

**フラワーモチーフの
ダイヤモンドペンダント**
プレゼントでもらったフランスの
ペンダント。花びら一枚一枚が
立体的で素敵。／Jasré

**ママからもらった
シトリンのリング**
色がとてもきれいなシトリンのリン
グはママからのプレゼント。
華奢な地金とのバランスも好き。

**インドで買った
アンティークイヤリング**
凝ったデザインと素朴なニュアン
スがインディアンジュエリーならで
は。存在感は抜群。

モチーフはいろいろでも、リング自体は華奢で統一。

**LAで購入した
華奢バングル**
セレクトショップMOONDANCE
のオリジナル。シンプルだけどユ
ニーク！／YASMEEN

**繊細なサンゴの
ネックレス**
淡いピンクはつけるととても女の
子っぽい印象になる。／MAUI
MARI OCEAN JEWELRY

**原石をアレンジした
ペンダント**
加工していない原石も、ナチュラ
ルな美しさが魅力的。／MAUI
MARI OCEAN JEWELRY

アメシストのリング
を主役にゴールド
リングで揃えて。

個性を主張する色石のリング
デザインが個性的な色石のリングは1つ
で十分に成立するけれど、アクセサリー
感覚でたくさんつけてしまっても、案外
まとまるもの。

小さなペンダントはぐしゃっとたくさんつけてもOK。

天然石のビーズを連ねたブレス

手首に二重に巻くタイプの天然石ブレスレット。／MAUIMARI OCEAN JEWELRY

ティファニーのイエローダイヤネックレス

プレゼントでもらったペンダント。キラキラ輝くイエローダイヤが華やか。／Tiffany&Co.

ダークレッドの大ぶりリング

確か東京で買ったガーネットの大ぶりリング。赤い石もやっぱり女っぽくて好き。

ジュエリー感覚のタンクフランセーズ

イエローゴールドにダイヤモンド入りなので、これはもはや立派なジュエリー。／Cartier

ハワイで買ったゴールドバングル

ハワイアンジュエリーの代表格。イエロー、ホワイト、ピンクゴールドの3本セット。／Moni

繊細チェーンのネックレスは絡まないよう細かく仕分け。

イタリアで見つけたシャンデリアピアス

フリンジのように細かく揺れて楽しいデザイン。とても繊細なつくりだけれど、つけるとゴージャスになる。

アメシストのロングネックレス

アメシストを連ねたY字のネックレス。重ねづけにもよく使う。／Maui Divers Jewelry

ブローチをリングにカスタマイズ

ロンドンのアンティークジュエリーショップで購入。とがったデザインがユニークでいい。

スタイリングの秘密 **4**

サングラスで
着こなしを遊ぶ

サングラスは
その日の気分が大切

サングラスはバッグに必ず1つは入っているほど、私のおしゃれに欠かせない。服にも合わせるけれど、気分のほうが優先。ちょっと変わったデザインで遊びを取り入れる重要な役目。
Sunglasses : FINLAY & CO

SUNGLASS
items

1 凝った装飾がゴージャス
七宝焼きを思わせる模様をテンプルに施した大人のデザイン。／BVLGARI

2 クールなクリアフレーム
ずばり、フューチャリスティック！／LIND A FARROW × KRIS VAN ASSCHE

3 私の中の大ヒットフレーム
キラキラ光るグリッターもフレームの形もパーフェクト。／MIUMIU

4 テンプルにジュエルのアクセント
ブルガリらしいエレガントなサングラスはドレスアップに。／BVLGARI

5 さりげないツイード柄が可愛い
シャネルらしいツイード柄とブラックのコンビ。マークも控えめ。／CHANEL

6 グラマラスなラウンドフレーム
フレームは華奢なのに存在感があるデザイン。／LOUIS VUITTON

スタイリングの秘密 5
ストールで
変化をつける

**ストール一枚足すだけで
大人のおしゃれが完成する**

ストールは夏も冬も、そして旅先でも一番使える優秀アイテム。肌の露出具合を調節することもできるし、巻き方によっても表情が変わるから、スタイリングの幅を広げてくれる。

STOLE
Style

**古着のロックTシャツも
ストール一枚でドレスアップ**

旅に一枚だけ持って行くとしたら、この白いストールを選べばまず間違いない。何にでも合うし、大判なので巻き方も自由自在。ロックTとデニムのかなりラフなスタイルでも、これ一枚でレディになれるストールマジック！

Stole : LOUIS VUITTON
Tshirt : Bad Company
Denim : J Brand
Shoes : BOSS

STOLE
items

1 鮮やかピンクで華やかに
大好きなLAのセレクトショップ、MADISONで購入。／SPUN SCARVES

2 着こなしに品格をプラス
上質なおしゃれを約束するダミエ・アズール柄の大判ストール。／LOUIS VUITTON

3 シンプルデザインは何枚も欲しい
無地のライトグレーも合わせる服を選ばない万能タイプ。／rag&bone

4 活用度大のベーシックカラー
使い勝手のよいシンプルなダークグレー。柔らかな質感も魅力。／rag&bone

5 品良く着られるアニマル柄
ホワイトタイガーのプリントはやさしい色みが好き。／Mulberry

6 華やかなマルチストライプ
凝った織柄で、高級感のあるスポーツテイストを演出できる。／MISSONI

スタイリングの秘密 6

帽子で気分を盛り上げる

シーンをドラマティックに演出する重要なツール

スタイリング小物としてはもちろん、シチュエーションや季節感を楽しむ小道具としても活躍する帽子。つばの広いエレガントなタイプが一番好きだけど、最近はメンズライクなものも気になる。

Hat : HELEN KAMINSKI
Blouse : Joie

{ HAT *Style* }

リゾートを満喫するラフィアハット

ビーチで活躍するつば広のラフィアハット。日差しからきちんと守ってくれて涼しくて、しかもたたんでトランクに入れられるからすごく便利。ハワイなら街にもよく似合う。かぶるだけでぐっとリゾート感が高まる帽子。

HAT items

1 つばの広さがお気に入り
色のコンビとフォルムのバランスが一番好きな帽子。／Genie by Eugenia Kim

2 CA4LAとのコラボ
3色のカラーバリエーションで作った中折れ帽。／Jessica×CA4LA

3 リアーナのキャップ
イギリスのストリートブランドとリアーナのコラボ。／Rihanna for River Island

4 遊び心で買ったキャップ
ヤンキースのキャップはエストネーションのメンズで発見。／MARK MCNAIRY

5 ダンディなパナマハット
マニッシュなテイストを取り入れたい時に活躍する夏の帽子。／GUCCI

6 クラシカルなお嬢さまハット
CHANELの帽子を手がけるLaetitia Crahayがデザイン。／MAISON MICHEL

Chapter

5
SPORTS

▶ YOGA　　▶ TRIATHLON

スポーツウエアは機能に加えて"色"が大切

ヨガは20歳ぐらいの時にテレビの企画がきっかけで始めました。形程度の体験だったのにとても気持ちが良くて、もう翌日からは週5日のペースでスクール通い。ヨガを集中してやっていると、朝起きた時に一日の自分の体調がわかるんです。その日、自分が何を欲するのか。これほど心と体がひとつになる運動を、他に知らないですね。トライアスロンは友人たちの影響で始めて、最初のレースは4年前ぐらい。3種目あるので大変そうに思えるけど、ただ走るだけよりも気持ちが切り替えられて飽きないんです。それに大会は同じ目的の人が集まって、エネルギーもすごくいい。お祭りっぽい雰囲気も楽しくて好き。基本的にスポーツの時はファッションよりも機能性を重視しますね。ただ、色はメンタルに影響するので、よく考えて選びます。

YOGA
[ヨガ]

ヨガの時は淡い色のウエアで静の気分に

色によって気分が左右されるので、スタイルとしてのスポーツウエアは色に気を使います。もちろんスポーツの種類や目的によっても変わります。ヨガの場合は心を落ち着かせるような、なるべくやさしい色のウエア。肌に心地よい、ストレスのない素材やフォルムで、リラックスできるものを選びます。

YOGA Style 1

好きなピンクを基調にした自分らしいカラーリング

ピンクは大好きな色。胸元のギャザーが愛らしいキャミソールに、同系カラーのタイダイ風レギンスで。これは内臓の動きを活発にする"鳩のポーズ"。

Tops,Pants : Nike

YOGA
Style 2

**アクロバティックなヨガには
スポーティなシンプルウエア**

基本的にはシンプルなデザインで、ベーシックカラーが好き。トップスのグレーに白のラインがポイント。"足の親指のシークエンス"は、バランス力が必要。
Tops,Bottoms : Nike

93

TRIATHLON

[トライアスロン]

ヴィヴィッドな色を取り入れて、気分を上げる

最近は、重ね着とか全身カラーコーディネートとか、すごく凝ったトレーニングウエアもたくさん出ているけど、やっぱり私はシンプルなのが好きみたい。ただ、スポーツならではの、普段は着ないようなヴィヴィッドな色などで遊ぶのは楽しい。特に大会の時は、好きな色や元気が出る色を選びます。

愛車はスペインのメーカー、ORBEAのオニキス。

» BLENHEIM TRIATHLON

2011年6月、イギリス・オックスフォードの北部にある世界遺産、ブレナムパレスで行われたトライアスロンの大会。2日間にわたって開催された大きなイベント。①最初の種目、水泳の後のトランジッションエリアで。 ②2番目はロードバイク。 ③最後の種目は世界遺産を堪能しながらのラン。

TRIATHLON items

大会での必須アイテム
バイクの時は背中に、ランの時はフロントに。これをつけないと失格になる。

バイク用のグローブ
スコットランドのサイクルウエアブランドのもの。／ENDURA

バイク用のシューズ
カナダのスポーツメーカー。日本でも自転車が人気。／LOUIS GARNEAU

ランニング用サングラス
少し大きめのユニセックスタイプ。バイクの時はもう少し小さめ。／Nike

スイムキャップ
水着と色みを合わせて、ブルー×白のコンビをセレクト。／SPEEDO

ランニング用サンバイザー
ウエアが違っても、白は何にでも合わせられるので便利。／Nike

バイク用ヘルメット
ヘルメット専門のイタリアブランド。上がるピンクが入っている。／KASK

レース時のベルトポーチ
両サイドのホルダーにエナジードリンクを入れられる。／Nike

世界で１つのNIKE-ID
LAのナイキショップで作った一足。豹柄とオレンジがポイント。／Nike

競泳用のスウィムウエア
ブルー系のグラデーションが爽やかなカラーリング。／Nike

機能性抜群トライスーツ
私たちのトライアスロンチームの公式スーツ。チーム名は「一番」！

走りながら水分補給！
腕につけるドリンクホルダー。鍵を入れておけるポケット付き。／FuelBelt

6 Chapter
DRESS

▶ DRESS STYLE　　▶ DRESS ITEMS

特別なシーンだからこそ自分らしく

一番気にかけていることは、自分が居心地よくいられるドレスを選ぶこと。どんなに素敵なドレスでも、露出が多かったりサイズ感が合ってなかったりしたら、気になってせっかくの場を楽しめなくなる。特にドレスアップをして行く場所といったら、パーティとかガラディナーとか、初対面の人もたくさんいて、最後まで話をしない人もいる。見た目やその時の印象がとても大切なシーンだと思うから、緊張はしても自分らしくいられるようにしたい。何よりもドレスに負けてしまうのが一番悲しいこと。それをふまえたうえで特別感を楽しむようにしたいですね。もちろんTPOにもよるけれど、ドレスに合わせてジュエリーも普段よりキラキラさせたり、大ぶりのものをつけたり。その機会でしかできないファッションを楽しむのが一番だと思います。

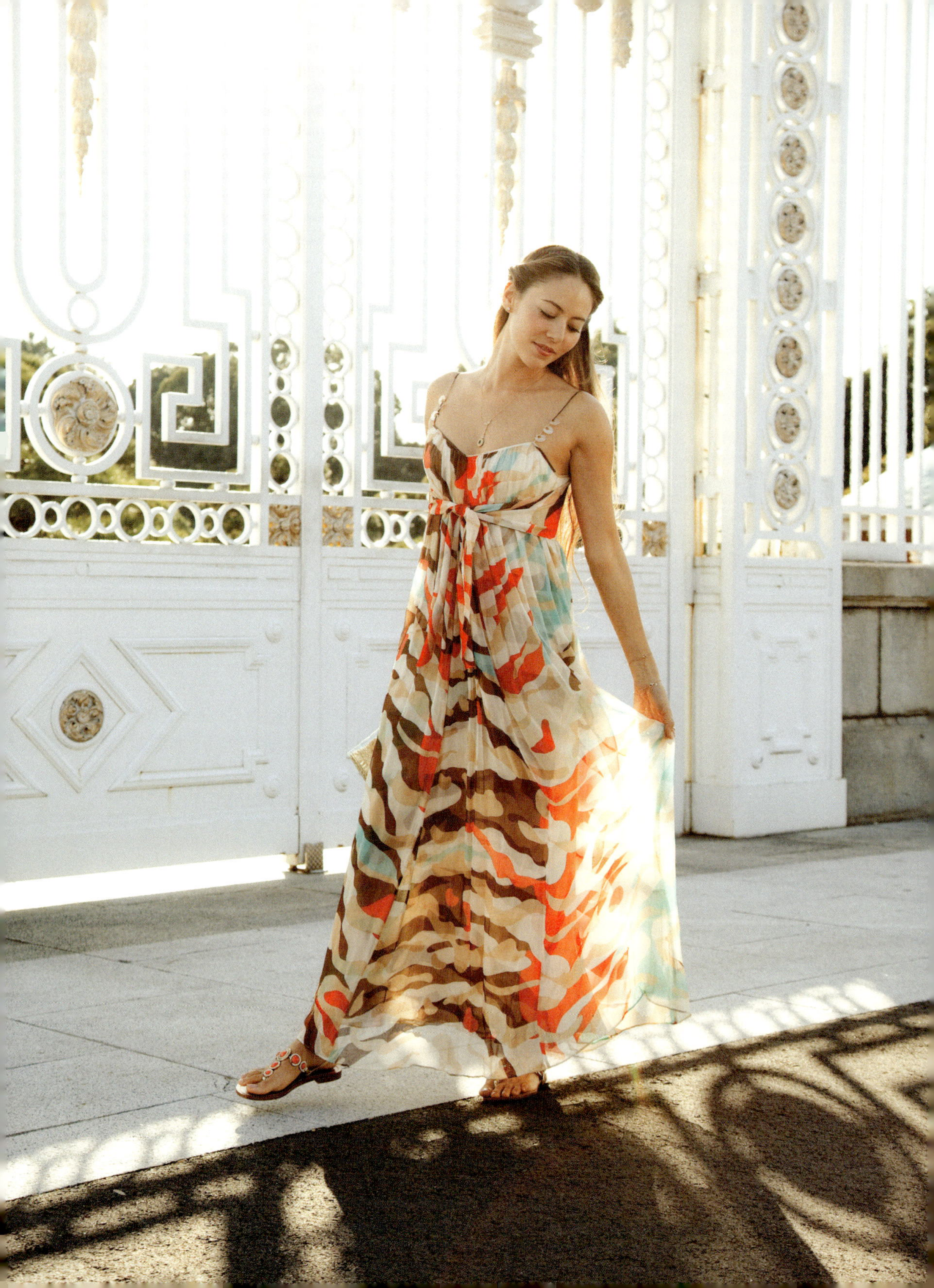

{ DRESS *Style 1* }

リラックスした
夏のドレスアップ

ヨーロッパの夏は日が長いから、夜もカジュアルに過ごせる。夕日に透けるシフォンのプリントドレスに、ヒールではなくあえてペタンコのビジューサンダルを合わせて力を抜いて。バッグもカッチリしすぎないゴールドのクラッチでさりげなく。

Dress : DIANE VON FURSTENBERG
Bag : NINE WEST
Sandals : Schettino di Capri

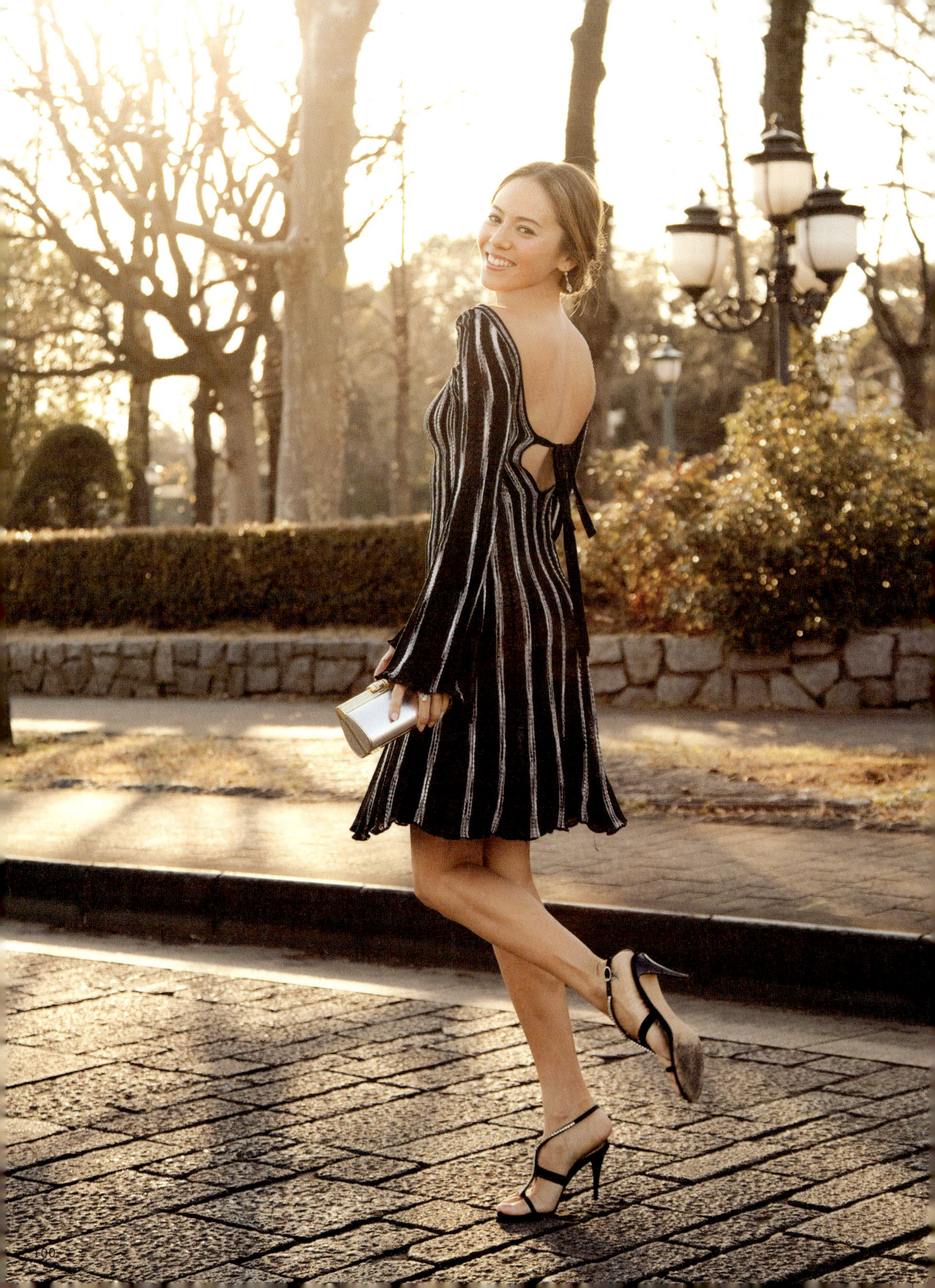

{ DRESS *Style 2* }

冬のドレススタイルは
シックだけど華やかに

ブラックにシルバーの糸がきらめくニットドレスは、しわにもなりにくいから旅によく連れて行く。背中の大胆なカットがほどよくセクシーなところも好き。アンティーク風の繊細なジュエリーやカッチリクラッチで、ニュアンスのある華をプラス。

Dress : MISSONI
Bag : (bought in Italy)
Shoes : Giuseppe Zanotti Design

DRESS Style 3

日焼けした肌に合うゴールド系のドレスアップ

Dress : MISSONI
Choker : (bought in Hawaii)
Bag : CHANEL
Shoes : roberto cavalli

凝った素材感で魅せるヴィンテージ風ドレス

ジャカード風の素材が印象的なベアトップのロングドレス。ゴールドの細いベルト付き。

アンティークのエメラルドチョーカー

エメラルドが美しいチョーカーはハワイで見つけたもの。ちょっとクラシックで大人のドレスアップに最適。

夏っぽいキラキラ感がいいゴールドバッグ

ビニールのような素材がユニークなシャネルのチェーンバッグ。遊び心があって、夏のパーティシーンにピッタリ。

ちょっぴりエッジーなゴールドサンダル

シンプルなゴールドサンダルだと、コンサバになってしまうので、これぐらいとがったデザインがいい。

DRESS Style 4

ブラックドレスと
ファーの
定番ドレスアップ

Dress : FENDI
Jacket : Chloé
Ring : (bought in Italy)
Bag : GOVIL
Shoes : Christian Louboutin

**ラインがエレガントな
リトルブラックドレス**

袖はたっぷりとしたフレアのハーフスリーブ。シルエットのみで女らしさを表現できる。

**カッティングが美しい
バイカラーパンプス**

ベージュ×ブラックパテントのパンプスは、浅いトウのデザインがセクシー。華奢なアンクルストラップもポイント。

**ひとつで華やかさを
主張する大ぶりリング**

仲のいい友人がカプリ島で買って来てくれたお土産。太いゴールドリングに大粒のアメシストが存在感たっぷり。

**鮮やかブルーの
クラッチバッグ**

モノトーンのドレスアップに、差し色として活躍するブルーのクラッチ。強い色を入れると個性を演出できる。

DRESS items

**マルチカラーが可愛い
ファージャケット**

色とりどりのファーがほどよくカジュアルで華やか。ショート丈なのでバランスもとりやすい。／alice + olivia

**大きなビジュー付き
サテンパンプス**

ベージュのサテンが上品なパンプスは、ゴールドのメタルラインに大粒ビジューでさらに気持ちがUP。／MIUMIU

**スワロフスキーの
ボールがポイント**

ジュエリー感覚で持つミニクラッチ。ミラーボールのような留め金がとてもキュートなアクセント。／SWAROVSKI

**白蝶貝が
清楚なブレス**

LAのセレクトショップMOONDANCE Jewelry Galleryで購入。繊細なデザインは夏のドレススタイルに。／YASMEEN

**角度で表情が変わる
パールピアス**

ひとつのパールを半分にカットしたユニークなデザイン。角度によっては、ひと粒パールのようにも見せられる。／TASAKI

ドラマティックな
エメラルドペンダント

エメラルドを取り囲むゴールドとダイヤモンドの凝ったデザインが、胸元をぐっと華やかに演出。／（bought in Prague）

ピアジェローズが
ゴージャスなリング

実在するバラ、ピアジェローズをダイヤモンドでかたどったリング。リアルな花びらのディテールにうっとり。／PIAGET

キラキラの
パウダーで仕上げ

ドレスアップのフィニッシュに、顔やデコルテにキラキラパウダーをつければ、一気にパーティ気分。／Yves Saint Laurent

肌に心地よい
羽毛のブラシ

パーティコスメが豊富なジバンシィのブラシ。華やかなパープルの羽毛が、パーティの支度を楽しくさせる。／GIVENCHY

パーティシューズも
遊び心が大切

つやめくシルバーのパイソンシューズ。Tストラップのひねりのあるアクセントで個性的に。／Christian Louboutin

ジュエリーを選ばず
持てる便利クラッチ

パーティでは一番登場回数の多いバッグ。ジュエリーを選ばないシャンパンカラーが便利の秘密。／CHANEL

HISTORY

プライベートアルバムから
ひもとくジェシカの軌跡

おしゃまなドレス姿。赤い小物のアクセントはこの頃から。

幼い頃はいつも妹のアンジェリカと遊んでいて、服もお揃いだった。

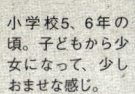

小学校5、6年の頃。子どもから少女になって、少しおませな感じ。

家の庭で。福井の冬はいつもこんなに雪が積もって、毎朝雪かき。

子どもの頃は福井に住んでいて、自然に囲まれた中で育ちました。兄と3人姉妹の中でも一番静かな子だったみたい。小学校に上がってからは合唱団に入って、ソプラノを担当していました。小学校は家の目の前にあったけど、中学は歩いて45分。学校までコンビニが1軒しかないような所でした。中学1年の頃から本格的にモデルを始めて、東京に一人で通いました。仕事場への移動もだいたい地図を片手に一人で……。中学2年になった時、東京に家族で引っ越しました。

レンズの入っていない丸めがねがちゃめっけたっぷり。

生まれてまだ間もない赤ちゃんの頃。

白いドレスを着て少しおしゃまに首をかしげて。

ピアノは小学校に上がる前ぐらいまで習っていた。

いつも自然の中で遊んでいるような子どもだった。

幼い頃は母の化粧台が大好きでした。母はいつも朝からきちんと化粧をして、ヘアもセットして、香水のいい匂いをさせていて。大人になったら私もああなりたいって、憧れていました。3姉妹の中で母の影響を一番受けたのは私だと思います。母は肌にも気を使っていて、夜も絶対に洗顔を怠らない。私もモデルを始めた13歳の頃から、それをずっと守り続けています。

MY FAMILY

ママと3姉妹で
バースデーは必ずご飯に行く

2009年のママの誕生日は青山のブノワで。

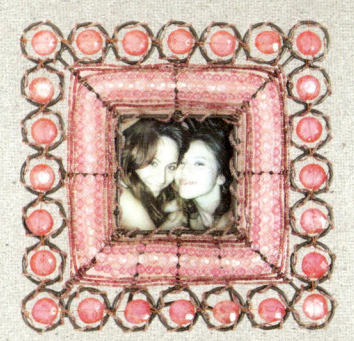

高校生の頃、アンジェリカとのツーショット。

たまにはママと2人だけでお出かけ。

上・'08年の私のバースデー。中・ユニクロのイベントでカレンの子供、ヒューゴと。下・アンジェリカとママ。

EPILOGUE

SEE YOU!

> **道端ジェシカという
> モデルの軸を大切に**

初めて映画(2014年秋公開予定)の仕事をしてみて、日々勉強でした。女優はモデルの時とはカメラとの関係性がまるで違う。モデルは一番きれいに見えるようにカメラを常に意識するけれど、演技をする時はカメラを忘れなくてはならない。だから自分の知らない顔を改めて知りました。昔は30歳でモデルを辞めるって言っていたけど、今はできる限り続けていきたいと思う。道端ジェシカというモデルとしての私がベースにあることは、とても素晴らしいことなのではないかと。そこから発信したり、発展したり。この軸を大切に、バランスよく他の仕事もやっていけたら嬉しいです。

道端ジェシカ

1984年10月21日福井県生まれ。13歳でモデルのキャリアをスタートし、以来トップモデルとして、TV、雑誌、広告などで活躍する。抜群のプロポーションや美しさのみならず、美容やファッションに関する独自のアンテナや知識にも注目が集まる。また、海外と日本を行き来するライフスタイルは現代女性の憧れの的。著書に『ALL ABOUT MICHIBATA SISTERS 道端3姉妹スタイル』(講談社) など。
ブログ http://blog.honeyee.com/jessica/

本書で紹介している服は私物ですので購入できないものがほとんどです。ご了承ください。

STAFF

Art Director
筒井美希 (Concent,inc.)

Designer
高木 恵 (Concent,Inc.)
熊田哲大

Photographers
model 竹内裕二 (S-14)
goods 山口徹花

Stylist
百々千晴

Hair
西村浩一 (angle)

Make-up
早坂香須子 (FEMME)

Writer
横山直美

Special Thanks to
DENIM & SUPPLY RALPH LAUREN
FUJIFILM
Riccardo tossani architecture

オール私服の決定版!
ジェシカ・スタイル

2014年4月24日　　第1刷発行
2014年5月27日　　第2刷発行

発行者　　石﨑 孟
発行所　　株式会社マガジンハウス
　　　　　〒104-8003 東京都中央区銀座3-13-10
　　　　　受注センター　☎ 049-275-1811
　　　　　書籍編集部　　☎ 03-3545-7030
印刷・製本所　大日本印刷株式会社

©2014 Jessica Michibata, Printed in Japan
ISBN978-4-8387-2664-6 C0095

乱丁本・落丁本は購入書店明記のうえ、小社制作管理部宛にお送りください。送料小社負担にてお取り替えいたします。但し、古書店等で購入されたものについてはお取り替えできません。定価はカバーと帯に表示してあります。

本書の無断複製(コピー、スキャン、デジタル化等)は禁じられています(但し、著作権法上での例外は除く)。断りなくスキャンやデジタル化することは著作権法違反に問われる可能性があります。

マガジンハウスホームページ
http://magazineworld.jp/